Gisela Fremerey

Geschichten vom Lovebären

Bibliografische Information der Deutschen Bibliothek:
Die Deutsche Bibliothek verzeichnet diese Publikation in
der Deutschen Nationalbibliografie; detaillierte Daten sind
im Internet über http://dnb.ddb.de abrufbar.

© 2014 bei HÖLLverlag, Modautal

Alle Rechte, insbesondere das Recht der Vervielfältigung und Verbreitung sowie der Übersetzung vorbehalten. Kein Teil des Werkes darf in irgendeiner Form (durch Fotokopie, Druck, Mikrofilm oder ein anderes Verfahren) ohne schriftliche Genehmigung des Verlags reproduziert oder unter Verwendung elektronischer Systeme verarbeitet, vervielfältigt oder verbreitet werden. Hiervon ausgenommen sind die in den §§ 53 und 54 des UrhG genannten Fälle.

Illustrationen: Martina Gräwe
Satz und Layout: HÖLLverlag, Modautal
Druck: KOPA Druckerei
ISBN 978-3-928564-73-1

Gisela Fremerey

Geschichten vom Lovebären

Märchen für Groß und Klein

HÖLL verlag

Die Geschichte vom Lovebären

Bei uns im Garten, hinter dem Haus, steht eine Zeder. Sie ist gebogen wie ein Tor. Und neben der Zeder steht eine Gartenbank, auf der ich oft im Sommer sitze und den Vögeln zusehe, wie sie im Garten ihr Futter suchen.

Manchmal, wenn es ganz still um mich herum war, meinte ich, Stimmen in der Zeder zu hören, oder ein Gewisper, oder auch ein kleines Lachen. Und ich dachte, wer mag das wohl sein? Wer wohnt da in meiner Zeder? Sind es Feen oder vielleicht Baumelfen? Aber dann habe ich immer doch wieder gedacht, dass ich mich geirrt hätte, und dass es der Wind sei, der mit den Blättern der Bäume rings herum gespielt hätte und dass ich mir die seltsamen Stimmen nur eingebildet hätte. Aber denkt euch, dem war ganz und gar nicht so! Diese Wesen gibt es wirklich!

Und nun hört, was ich erlebt habe:

Eines Nachts, im Sommer, konnte ich nicht schlafen und ging zu der Zeder in den Garten hinaus, um auf der Bank den Mond und die Sterne zu bewundern. Da schickte der Mond plötzlich einen goldenen Strahl vom Himmel hinunter, der wie ein Finger genau auf den Stamm der Zeder zeigte. Und wie ich genau hinsah, entdeckte ich dort einen kleinen goldenen Knopf, den ich noch nie gesehen hatte. Ich drückte darauf, aber nichts geschah. Oder doch? Ich lauschte angestrengt. Da meinte ich, ein Kichern und Lachen zu hören.

Und weil mich das so an meine Enkelkinder erinnerte, sagte ich vor mich hin: „Annika, Keanu, Julian, Nicolas und Florentine Fabiola!" Und was glaubt ihr wohl? Mit dem letzten Wort rumpelte und krachte es in den Zweigen der Zeder, und es öffnete sich ein Tor vor mir, das

normalerweise von den Zedernzweigen vollständig verdeckt ist.

Ich fasste mir ein Herz und ging hindurch. Augenblicklich befand ich mich in einer Landschaft, die ich noch nie gesehen hatte. Da waren Berge und liebliche Täler mit murmelnden Flüssen und stillen Teichen, grüne Wiesen und Hügel, auf denen die buntesten Blumen wuchsen, die ihr euch nur denken könnt.

Neugierig wollte ich mir die bunten Hügel näher ansehen. Aber denkt euch, in die Hügel hinein waren Häuser gebaut. Häuser ohne Fenster, aber mit einer Tür. Und da, an der Tür war auch ein kleiner Klopfer angebracht. So ein Klopfer, wisst ihr, aus den Zeiten, in denen es noch keinen Strom gab, und wo ein Türklopfer halt ein Türklopfer war. „Poch! Poch! Poch!" machte ich damit und noch einmal: „Poch! Poch! Poch!" Da rührte sich etwas in dem Haus; die Tür öffnete sich und heraus kam ein Bär.

Ja, ihr hört richtig! Ein Bär! Nicht etwa wie die grimmigen Bären in freier Wildbahn. Nein, eher so wie die Kuschelbären, die den Kindern beim Einschlafen helfen. Aber dieser Bär hatte doch die Größe eines Menschen. Er sah mich an und sprach: „Oh, da bist du ja endlich, Menschenfrau! Wir erwarten dich schon so lange! Komm herein!" Dabei sah er mich mit so lieben Augen an, dass ich gar keine Angst empfand und hinter ihm her ins Haus ging.

Drinnen sah alles fast genau so aus wie in einem Menschenhaus. Da gab es Tische und Stühle, Bänke und ein Sofa und einen sehr großen Vorratsschrank. Nur Fenster konnte ich nicht entdecken. Trotzdem aber war der ganze Raum in ein sanftes Licht getaucht, das bald zartgrün, bald gelb, bald bläulich oder auch sogar in allen Farben gleichzeitig schimmerte. Woher mochte das Licht kommen? Ich konnte keine einzige Lampe entdecken. Dafür aber sah ich, dass überall große, farbige Blüten umher schwebten, die dieses vielfarbige Licht aus ihren Blütenblättern strahlen ließen. Jetzt schwebten sie sogar zu mir her und lächelten mich an, wobei alle Farben aufstrahlten und noch heller leuchteten.

Das war so schön, dass ich vor Erstaunen in die Hände klatschte und den Bären fragte: „Bin ich in einem Märchenland angekommen?" Der Bär lächelte nur und sagte: „Diese Welt hier ist genau so wirklich wie eure Menschenwelt. Bist du nicht durch ein richtiges Tor gekommen?" Ich nickte: „Schon, aber Elfen haben es geöffnet!" - „Ja, aber wer sagt denn, dass Elfen nicht wirklich sind?"

In diesem Augenblick tat sich eine weitere Tür auf, und herein kam die Bärenmutter. Sie war etwas kleiner als ihr Mann und vielleicht etwas rundlicher. Aber ihre Augen blinkten genauso freundlich aus ihrem lieben Bärengesicht.

„Ah!", rief sie jetzt aus, „Du bist gekommen, Menschenfrau! Wir haben dich so herbeigesehnt!" - „Das kann ich nicht verstehen!", sagte ich ratlos, „ihr kennt mich doch gar nicht!"

„Oh, das macht nichts!", sagte die Bärenmutter bestimmt, „du bist die Richtige! Die Elfen

haben es gesagt!" - „Die Elfen?", fragte ich neugierig. „Ja, wer sonst?", sagte die Bärenmutter, „sie wohnen doch in der Zeder in deinem Garten und kennen dich!" Langsam wurde mir doch richtig unheimlich zumute, und ich fragte mich, in welch eine Geschichte ich da wohl hineingeraten war. Aber ehe ich weiterforschen konnte, wurde die Tür noch einmal aufgestoßen und herein purzelten die niedlichsten Bärenkinder, die ihr euch denken könnt. Da waren ein braunes, ein weißes, ein geflecktes und ein rabenschwarzes.

Aber als ich sie zur Begrüßung in den Arm nahm, merkte ich, wie leicht und mager sie waren. Betroffen sah ich die Bäreneltern an: „Sagt, habt ihr nicht genug zu essen?" Da perlten dicke Tränen aus den Augen der Bärenmutter.

Sie wandte sich ab und ging auf ihren weichen Bärenfußsohlen zu dem großen Vorratsschrank, holte einen goldenen Schlüssel aus der Schürzentasche, steckte ihn ins Schlüsselloch und drehte ihn sorgfältig um. Knarrend öffneten sich die Flügeltüren und sofort durchströmte ein betörender Duft den Raum, der mich lebhaft an Frühlingswiesen und Bienengesumms erinnerte. Nun griff Mutter Bär in den Schrank und holte ein Glas mit Honig hervor. „Schau", sagte sie traurig und öffnete die Schranktüren weit, damit ich hineinsehen konnte, „es ist das letzte. Der Vorratsschrank ist leer, ganz leer!" Und wieder schossen ihr die Tränen in die Augen. Der Bärenvater räusperte sich, legte seine Pranke auf meinen Arm und sagte: „Du musst wissen, dass dieser Honig unsere Hauptnahrungsquelle ist. Gewiss, wir essen auch Kräuter oder Wurzeln, aber es ist der Honig, der uns Lebenskraft und Energie gibt!"

Er hielt einen Moment lang inne, und sagte dann sanft:

„Aber komm jetzt, Menschenfrau! Teile eine Mahlzeit mit uns, ich bitte dich!" - „Aber nein!", rief ich, „das kann ich nicht! Ich werde euch doch nicht den letzten Honig wegessen!"

Aber die Bärenmutter fasste mich sanft um die Schulter, führte mich zu dem Sofa und sagte: „Setz dich, wir alle bitten dich, und iss mit uns! Ein kleines Schlückchen Honig würde genügen!" Sie goss ein wenig Honig in ein Porzellanschälchen und reichte es mir, und weil alle Augen mich jetzt so erwartungsvoll ansahen, hob ich das Schälchen an die Lippen. Sofort strömte mir ein so unendlich feiner, süßer Duft entgegen, dass mir wie von selbst das Wasser im Munde zusammenlief.

Und als ich dann ein Schlückchen trank, durchfloss mich auf der Stelle eine so wohltuende Energie und Lebensfreude, wie ich sie in meinem ganzen Leben noch nicht gespürt hatte. Ich blickte auf und fragte: „Was ist das für ein geheimnisvoller Honig? Solch einen Honig gibt es bei uns Menschen nicht! Und warum habt ihr nur noch ein Glas davon?"

Vater Bär setzte sich nun auf seine breiten Hinterbacken und hub an zu sprechen: „In unserem Land, dem Bärenland, gibt es drüben in den Bergen eine Quelle, aus der dieser Honig fließt. So viel Honig fließt jahrein, jahraus daraus hervor, dass alle Bären in diesem Land genug zu essen haben. Doch ab und zu, alle hundert Jahre etwa, versiegt die Quelle plötzlich. Doch keiner weiß, warum. Dann müssen die Bären Hunger leiden, und wenn nicht bald eine neue Quelle entdeckt wird, werden wir alle sterben müssen!"

Und als ich jetzt dicke Tränen in den Augen aller Bären blinken sah, rief ich: „Aber das ist ja furchtbar! Wenn ich euch doch nur helfen könnte!" Da wischte sich die Bärenmutter mit dem Schürzenzipfel die Tränen aus den Augen und sagte: „Aber du kannst uns ja helfen! Wir durften dich nur nicht fragen. Du musstest es selber anbieten!" - „Ja, aber dann sagt mir doch ganz, ganz schnell, was ich tun muss!" - „Du musst den Honigvogel malen!" - „Den Honigvogel malen? Aber das kann ich nicht! Ich kenne ihn doch gar nicht!", rief ich verzweifelt und nippte noch einmal an meinem Schälchen. Da merkte ich, wie ich plötzlich müder und müder wurde. Die Augen fielen mir zu, und es gelang mir gerade noch, mich auf dem Sofa auszustrecken, als ich in einen Schlaf fiel, der tiefer war als alle Brunnen dieser Welt.

  Mir war, als werde ich von duftenden Wolken federleicht getragen und gewiegt. Süße Musik umschwebte mich, und ich öffnete im Traum die Augen. Da sah ich viele bunte Vögel um mich herumschwirren. Sie zwitscherten mir zu und breiteten im Flug vor mir ihre leuchtend bunten Federn aus. Einer war dabei, der besonders nahe und besonders oft um mich herumflog. Seine Brustfedern waren waldhonigbraun, und die Flügelfedern zeigten die Farbe des milden Lindenblütenhonigs im Sommer. „Du musst der Honigvogel sein!", rief ich ihm zu, und mir war, als hätte er mir tatsächlich ein ganz klein wenig mit den Äuglein zugeblinzelt, ehe er sich mit einem Schwung den anderen Vögeln anschloss und davonflog.

Nicht lange danach erwachte ich, so erfrischt und ausgeruht wie selten. Und nun sah ich auch, woher die Musik gekommen war, die mich so angenehm im Schlaf begleitet hatte. All die Bärenkinder standen um mich herum und hielten in ihren Händen Musikinstrumente. Da gab es eine Geige, Gitarren, Flöten und viele Trommeln und Glöckchen.

Auch im Menschenland ist es ja bekannt, dass Bären sehr musikalisch sind, und so fragte ich: „Habt ihr mich in den Schlaf gewiegt und für die schönen Träume gesorgt?" Da nickten sie ganz ernsthaft, und der Kleinste fragte ängstlich: „Hast du auch etwas gesehen?" - „Vögel habe ich gesehen", antwortete ich, „viele bunte Vögel!" Da strahlten alle Bären auf und die Bärenmutter legte ein Stück Papier vor mich hin und einen Farbkasten mit so schönen Farben, wie ihr sie hier in unserer Welt nicht kennt. Ja, und dann malte ich einfach den Vogel, den ich im Traum gesehen hatte, nämlich den mit den honiggelben Federn. Ich malte ihn Federchen um Federchen, mit ausgebreiteten Flügeln, mitten im Aufstiegsschwung.

   „Ist das der Honigvogel?", fragte ich die Bärenmutter, als ich fertig war. Aber sie sagte: „Das weiß ich noch nicht! Hier in unserer Gegend leben seit Langem keine Honigvögel

mehr, und keiner von uns hat je einen gesehen." - „Aber wie wollt ihr dann wissen, ob es der Richtige ist?", fragte ich verwundert. „Er muss fliegen!", sagte die Bärin bestimmt, „er muss fliegen!" - „Aber wie kann er denn fliegen?", rief ich verzweifelt, „er ist doch nur gemalt!" Aber die Bärenmutter brummte beruhigend und legte eine Schere vor mich hin. „Du musst ihn nun ausschneiden", sagte sie. Und das tat ich dann auch, und all die Bären sahen mir gespannt zu, denn so etwas können sie nicht mit ihren Bärentatzen. Das können nur Menschen.

Dann legte ich meine beiden Hände zu einem Nest zusammen, und die Bärenmutter legte vorsichtig den Papiervogel hinein. Und das war wohl genau das Richtige. Denn kaum hatte der Vogel meine Hand berührt, spürte ich, dass sein Herz anfing zu klopfen. Erst ganz zart, dann aber immer kräftiger und regelmäßiger. Da beugte ich meinen Kopf über meine Hände und hauchte meinen warmen Atem über das erwachende Vögelchen. Und mit jedem Hauch plusterten sich die kleinen Federchen auf, eins nach dem anderen, so, wie ich sie gemalt hatte, und dann reckte sich ein Köpfchen empor und kluge Äuglein sahen mich an. Dann dehnte und reckte sich der kleine Vogel in meinen Händen und spannte seine Flügel weit, weit auf. Da wusste ich, dass er fliegen wollte, und ging zur Tür, die der Bärenvater schnell weit öffnete.

Aber wie erschrak ich, als ich sah, dass sich draußen vor der Tür eine riesige Bärenmenge versammelt hatte, die mich nun neugierig umdrängte. „Aber hab doch keine Angst!", brummte der Bärenvater beruhigend, „sie sind gekommen, den Honigvogel fliegen zu sehen!" Da nahm ich all meinen Mut zusammen, hauchte noch einmal meinen Atem über das Vögelchen und warf es dann mit einem Schwung hoch in die Luft. Mäuschenstill war es geworden. Alle hielten den Atem an und starrten auf den kleinen Vogel. Doch sieh! Noch weiter spannte der seine Flügel auf und flog! Andächtig sahen die Bären zu, wie er sich in weiten Spiralen höher und höher in die Lüfte schraubte. Plötzlich stieß er einen scharfen Schrei aus, zitterte ein wenig und setzte dann zu einem langen, langen Gleitflug an. Und leuchtender und goldener erschien sein Gefieder jetzt von der Erde aus, immer wärmer und strahlender. „Oh, seht doch! Seht doch!", riefen die Bären ganz aufgeregt, „jetzt hat er den Honigduft unter den Flügeln! Er gleitet auf dem Honigduft dahin! Er hat den Honigbrunnen gefunden!"

Wie auf ein Kommando schob sich die Bärenmenge mit mir vorwärts, immer dem Honigvogel nach, durch Täler und Flüsse, durch Seen und Auen, bis er sich endlich auf einem großen Stein niederließ. Andächtig versammelten sich die Bären um den Stein herum und wurden ganz still. Ein süßer Duft umhüllte uns alle und offenbarte, dass wir der Honigquelle nahe gekommen waren.

Der Bärenvater winkte nun zwei junge, bärenstarke Burschen heran, die mit ihren Bärenkräften den schweren Verschlussstein von der Quelle schoben. Und siehe da! Voll und reich sprudelte der Honigstrom aus dem Erdreich empor, und der köstliche Duft nach Honig breitete sich rasch in der Umgebung aus, dass alle Käfer und Schmetterlinge angeflogen kamen, um zu sehen, was da geschehen war. Die Näschen der Bärenkinder aber fingen an zu zittern, weil sie doch so großen Hunger hatten. Der Bärenvater lächelte, als er das sah und sagte: „Wartet noch eine ganz kleine Weile, denn wir müssen uns zuerst bei dieser Menschenfrau bedanken, denn ohne ihre Hilfsbereitschaft hätten wir alle verhungern müssen." - „Aber ich habe doch gar nichts getan!", wehrte ich verlegen ab.

Aber der Bärenvater sah mich nur freundlich an und hob seine große Pranke in die Luft. Da fingen alle Bären an zu summen, hoch und tief, voll und zart, sanft und rau. Der Gesang umhüllte und umwob mich und sank tief in mich hinein, und ich wusste, dass ich ihn nie vergessen würde.

Endlich ließ der große Bär seine Pranke sinken, und wie das Geläut von sehr tief gestimmten Glocken klang der Gesang langsam aus.

Dann durfte der Honigvogel zuerst trinken. Tief tauchte er seinen langen Schnabel ein und schwang sich dann hoch in die Luft der Sonne entgegen.

Und endlich war es dann so weit. Jeder durfte sich satt trinken, ehe die Bärenmütter alle Gläser wieder auffüllten. Schleckend und naschend machten sie sich auf den Heimweg. Nur der Bärenvater war bei mir stehen geblieben.

„Auch für dich wird es Zeit, nach Hause zu gehen!", sagte er, „der Mond ist schon hinter den Bergen verschwunden, und die Elfen, die das Zederntor in deinem Garten bewachen, könnten meinen, du wolltest hier bleiben und deshalb das Tor für immer verschließen." - „Oh, nein!", rief ich aufgeregt, „es ist schön hier. Aber für immer bleiben möchte ich nicht!"

Ich sah dem Bären in die Augen und sagte: „Aber einmal wieder zu Besuch kommen, das würde ich sehr gerne." Der Bär nickte zufrieden. „Du wirst wiederkommen. Ich verspreche es! …. Du wirst wiederkommen, wenn der Love-Bär geboren wird!" „Der Love-Bär?" - Der Bärenvater schmunzelte und nickte: „Ja, der Love-Bär!" Dann aber wurde er ganz ernst und sagte: „Du weißt doch hoffentlich noch dein Schlüsselwort?!"

Und als ich nickte, fuhr er eindringlich fort: „Das Schlüsselwort darfst du nie, nie vergessen, denn sonst könnte es sein, dass du in dieser, in unserer Welt, bleiben musst!!" - „Da besteht keine Gefahr!", lachte ich, „mein Schlüsselwort, das sind die Namen meiner Enkelkinder, in der Reihe, wie sie geboren sind! Und die stehen für immer in meinem Herzen geschrieben!"

„Das beruhigt mich sehr!", brummte der Bär, „denn nur diejenigen Schlüsselwörter halten sich und verrosten nicht im Laufe der Zeit, die von viel Liebe umgeben sind!" -

Der Rest der Geschichte ist schnell erzählt. Der Bärenvater gab mir noch einmal Honig zu trinken, und ich schlief augenblicklich ein. Erst, als ich ein leises Klicken hörte, als wenn eine Tür ins Schloss fällt, wachte ich auf.

Da war ich wieder auf der Bank unter dem Zederntor in meinem Garten. Ich fror ein wenig, so wie man friert, wenn man eine lange Reise hinter sich gebracht hat. Aber als ich aufsah, stand da vor mir auf dem kleinen Tisch ein großes Glas mit goldgelbem Honig, von den ersten Strahlen der aufgehenden Sonne wunderbar beleuchtet. Und hätte nicht auf dem Deckelglas ein braungelbgoldenes Federchen geklebt, hätte ich vielleicht gedacht, ich hätte alles nur geträumt.

Der Sommer und der Herbst vergingen. Von meinen neuen Freunden hörte ich nichts mehr. Aber mitten im tiefsten Winter geschah es, dass jemand eines Nachts an mein Fenster klopfte. „Poch! Poch! Poch!" machte es, und noch einmal. „Poch! Poch! Poch!" Schlaftrunken öffnete ich die Augen. Da saß ein Vogel mit goldgelbem Gefieder draußen auf der Fensterbank und klopfte mit seinem langen Schnabel an die Scheibe. Als er sah, dass ich die Augen geöffnet hatte, rief er: „Steh auf! Ich bin der Honigvogel! Der Bärenvater schickt mich! Es ist dringend! Ich soll dich holen!"

Da freute ich mich sehr, sprang aus dem Bett, öffnete das Fenster weit und sagte: „Ach, wie schön, lieber Honigvogel! Aber komm doch einen Moment herein und wärm dich auf. Ich werde dir leckere Körner holen!" - „Nein, nein!", sagte da der Vogel schnell, „ich trau mich nicht in Menschenräume! Komm du nur schnell heraus!" Das kam mir seltsam vor. Ich streckte meine Hand aus und lockte: „Komm doch, lieber Honigvogel! Flieg auf meine Hand!" Aber der Vogel sträubte die Federn und wich zurück.

Da wusste ich, dass das nicht der richtige Honigvogel war, und rief: „Du bist nicht der richtige Honigvogel! Der richtige wäre auf meine Hand gekommen! Aber du hast Angst! Du kannst nicht der echte Honigvogel sein!" Da riss der Vogel seinen Schnabel weit auf, stieß einen fürchterlich krächzenden Schrei aus, stieß sich vom Fensterbrett ab und flog davon.

  Noch lange danach hatte ich Herzklopfen und fragte mich immer wieder, wer mich wohl in die Winterskälte hatte hinauslocken wollen, bis ich endlich die seltsame Geschichte vergaß.

  Als der Frühling zwar schon ein paar Mal ins Land geguckt hatte, aber immer noch viel Schnee und Eis auf den Dächern und Wegen lag, klopfte es des Nachts wieder an mein Fenster. „Poch! Poch! Poch!" machte es und wieder: „Poch! Poch! Poch!" - „Das muss der Honigvogel sein!", dachte ich und öffnete schnell das Fenster.

Diesmal kam der Vogel ganz schnell hereingesprungen, setzte sich sofort auf meine Hand und sagte ganz freundlich: „Liebste Menschenfrau! Du erkennst mich sicher. Mich schickt der Bärenvater! Es ist dringend! Bitte komm doch auf der Stelle mit mir!" - „Das tue ich gerne! Warte nur einen Moment! Ich will mir rasch einen warmen Mantel holen!" - „Nein, nein! Tue das auf keinen Fall! Komm, wie du bist!" Da wusste ich, dass das auch nicht der richtige Honigvogel sein konnte, denn der hätte mich niemals ohne warme Kleidung in die Kälte geschickt, sodass ich mit Sicherheit erfroren wäre.

Da setzte ich den Vogel auf die Fensterbank zurück und sagte: „Du bist auch nicht der richtige Honigvogel! Und der Bärenvater hat dich ganz gewiss nicht geschickt. Flieg weg! Flieg sofort weg!" Da stieß der Vogel einen hässlichen Schrei aus, stieß sich vom Fensterbrett ab und verschwand im Morgengrauen. Ich aber fragte mich: „Was mögen das wohl für böse Mächte sein, die wollen, dass du in Schnee und Eis umkommst?!"

Ich beschloss, auf jeden Fall auf der Hut zu sein, und schlief wieder ein.

Als die Zeit gekommen war, in der die Schneeglöckchen aufgewacht waren und ihre weißen Blüten im Wind schaukeln ließen, pochte es des Nachts zum dritten Mal an mein Fenster. Und wieder saß da ein Vogel mit honiggelbbraunem Gefieder und langem Schnabel. Ob es diesmal wohl der richtige Honigvogel war?

Ich wollte Gewissheit haben. So holte ich das Federchen, das im Sommer an dem Honigglas geklebt hatte, aus seinem Döschen und legte es auf meine Handfläche. Und was glaubt ihr wohl? Das Federchen begann zu zittern und zu ruckeln.

   Dann erhob es sich mit einem leisen Luftzug und wehte zum Fenster, das ich jetzt schnell öffnete. Geradeswegs zu dem Vogel ließ es sich tragen, der es mit seinem langen Schnabel packte und ins Brustgefieder einsetzte, genau an die Stelle, wo es im Sommer auch gesessen hatte. Kaum war das geschehen, hob der Vogel seine Flügel ein wenig an, und süßer Honigduft schwebte zu mir herein. „Du bist mein Honigvogel!", rief ich glücklich, „dich schickt der Bärenvater!" Da nickte der Honigvogel dreimal mit dem Kopf und winkte mit den Flügeln.

   Da wusste ich, dass ich mich beeilen sollte. „Ich komme!", rief ich ganz aufgeregt, „ich hole nur schnell meinen warmen Mantel!" Aber der Honigvogel schüttelte den Kopf und sagte: „Das ist nicht nötig! Die Elfen aus der Zeder haben dir einen Mantel aus den letzten Schneeflocken zusammengewebt. Komm nur schnell, ehe es hell wird, und das Zederntor nicht mehr geöffnet werden kann!" - „Einen Mantel aus Schneeflocken?", dachte ich verwundert, „soll ich etwa doch erfrieren?"

Doch der Honigvogel hatte meine Gedanken erraten und sagte: „Weißt du nicht, dass zwischen den Eisfederchen jeder einzelnen Flocke Luft gespeichert ist? Nun, und diese Luft haben die Elfen von den Glühwürmchen aufheizen lassen. Du wirst sehen, einen wärmeren Mantel hast du noch nie besessen!"

Und wirklich! Als wir bei der Zeder ankamen, wehten die langen, hängenden Zweige eine kleine Weile aufgeregt hin und her, bis dann ein Mantel über mich geworfen wurde, der so federleicht und kuschelig warm war, wie nur die Elfen einen weben können. Ehe ich „Danke!" sagen konnte, raunte es aus den Zweigen: „Und nun das Passwort, bitte!" - „Annika, Keanu, Julian, Nicolas und Florentine Fabiola!" Sofort öffneten sich die Torflügel einen Spalt, und der Honigvogel und ich schlüpften hindurch.

Da waren wir gleich wieder in der Bärenwelt angekommen. Hier lag noch überall Schnee. Viel mehr als in der Menschenwelt.

„Ja", sagte der Honigvogel und sah sich um, „die Bären lieben den Schnee, weil sie ja ihren Winterschlaf halten müssen, und je kälter es ist, um so besser können sie schlafen. Das weiß der Schnee, und deshalb hält er sich hier gerne etwas länger auf als in der Menschenwelt!"

Ich blickte mich um. Da waren einige Häuser noch ganz eingeschneit, bei anderen waren die Hügeldächer schon vom Schnee befreit und bei wieder anderen blühten schon die ersten Krokusse im Garten. „Ja, ja!", sagte der Honigvogel, als er meine neugierigen Blicke bemerkte, „es ist leider wirklich so, dass einige Bären gar nicht aufwachen wollen. Sie liegen bequem in ihren Häusern und sind zu faul zum Aufstehen! Und wenn wir sie nicht wecken würden, würden sie noch den ganzen Frühling verschlafen, diese Faulpelze!" Er schüttelte bekümmert sein Gefieder. „Und dann würden sie das Frühlingsfest verpassen!" - „Wäre das denn so schlimm?" fragte ich verwundert. - „Aber ja", erwiderte der Honigvogel, „beim Frühlingsfest bekommen die neugeborenen Bärchen ihre Namen und ohne Namen gilt man nichts in der Bärengemeinschaft."

Nun war ich doch sehr verwundert und neugierig geworden und fragte: „Welche neugeborenen Bärchen?" - „Das kann dir der Bärenvater am besten selbst erklären," sagte

der Honigvogel und breitete seine Flügel zum Abflug aus, „schau, da steht er schon in der Tür und wartet auf dich!" Und mit einem einzigen eleganten Flügelschwung ließ er sich vom Wind in den weiten Himmel hinwegtragen.

„Da bist du ja endlich!", rief der Bärenvater mir zu, und nahm mich ohne Umstände in seine Tatzenarme. „Komm nur schnell herein! Aber lass deinen Schneesternenmantel hier draußen, innen, im Haus könnte er schmelzen!"

Hinter der Haustür wartete schon die Bärenmutter, noch etwas verschlafen aussehend, mit einem Glas Honigwein in der Hand. Und dicht hinter ihr standen alle Bärenkinder in einer Reihe und wollten auch begrüßt und umarmt werden. So dauerte es einige Zeit, bis wir endlich alle gemütlich um den Tisch herum saßen und ich fragen konnte: „Sag mal, Bärenvater, was hat es mit dem Frühlingsfest und den neugeborenen Bärchen für eine Bewandtnis?"

Da setzte sich der Bärenvater aufrecht hin, nippte noch einmal an seinem Honigwein und sagte: „Bei uns Bären werden alle Bärenbabys mitten im Winter geboren; so um die Zeit herum, wenn ihr Menschen Weihnachten feiert. Wie die Menschenbabys sind die Bärenkinder ganz nackt und hilflos. Sie kuscheln sich tief in das Fell ihrer Mutter und tun nichts anderes als trinken und schlafen. Wenn dann der Winter seinem Ende zu geht, sind sie schon mächtig gewachsen und haben sich ein warmes, dickes Fell zugelegt. Hinaus ins Freie aber dürfen sie erst zum Frühlingsfest, denn erst dann sind ihre Augen so weit entwickelt, dass die hellen Sonnenstrahlen ihnen nicht schaden können."

Der große Bär stärkte sich am Honigwein, räusperte sich und fuhr dann fort: „Du solltest einmal sehen, was die Kleinen für Augen machen, wenn sie aus ihrer Höhle purzeln und zum ersten Mal das Sonnenlicht und die schöne, helle Welt draußen sehen dürfen! Das ist jedes Mal ein Fest für uns alle. Das Frühlingsfest eben! Für uns Bären gibt es nichts Schöneres; so schön, wie bei euch das Weihnachtsfest!"

Ich blickte mich um und sah, dass mich während der Erzählung des Bärenvaters all die Leuchtblumen anlächelten und dabei in einem duftigen Tanz umschwebten. Ich fragte: „Dürfen die Blumen mit zum Frühlingsfest?" - „Aber sicher!", sagte der Bärenvater, „es könnte sein, dass wir sie sogar dringend brauchen. Sie müssen leuchten, wenn du den Love-Bären suchst!" - „Ich soll den Love-Bären finden?", fragte ich gleichzeitig verwundert und aufgeregt. „Wie soll das geschehen? Ich weiß ja noch nicht einmal, was ein Love-Bär ist!" - „Hab nur keine Angst!", brummte die Bärenmutter beruhigend, „es wird sich alles finden!"

Draußen vor der Tür war jetzt ein großes Gebrummel und Gerufe zu hören. „Lasst uns gehen", sagte der Bärenvater und reichte mir den Schneeflockenmantel, „sie rufen schon nach uns! Das Fest soll beginnen!"

Und richtig! Vor der Tür warteten viele Bären auf uns, vielleicht hundert oder mehr. Die allerkleinsten Bärchen, die neugeborenen, wurden von ihren Müttern ganz fest an den Pfoten gehalten. „Sie dürfen auf keinen Fall alleine herumlaufen, denn sie haben ja noch keinen Namen und ohne Namen können wir sie nicht zurückrufen, und sie könnten für immer verloren gehen." - „So weit, dass man sie nicht mehr findet, können so kleine Bären doch gewiss noch nicht laufen", sagte ich beruhigend. Doch der Bärenvater sah mich ernst an und sagte: „Nein, aber sie könnten gestohlen werden!" - „Gestohlen werden?", rief ich entsetzt, „wer tut denn so etwas?" - „Die Wurzelzwerge!", sagte der Bärenvater grimmig, „die Wurzelzwerge! Sie versuchen es immer wieder! Deshalb warten wir ja so sehnsüchtig auf den Love-Bären!" - „Und der könnte die Bärchen zurückholen?" - „Unter Umständen, ja, unter ganz bestimmten Umständen könnte er es!"

Ich muss wohl ziemlich verwundert dreingeschaut haben, denn die Geschichte um den Love-Bären klang für mich immer verworrener, als der Bärenvater lächelte und sagte: „Du wirst schon alles erfahren! Aber nun wirst du uns gleich erst einmal helfen müssen. Schau, wir sind angekommen."

Mir den anderen Bären zusammen standen wir auf einer Almwiese. Frisches, grünes Gras sprosste an vielen Stellen aus der Erde heraus. Besonders saftig schien es im Schutz der dicken Steinblöcke zu sein, die zahlreich auf der Wiese herumlagen. Und richtig, die meisten

Bären gruben zuerst einmal ihre Nase tief in die Erde und schmatzten die saftigen Frühlingskräuter mit ihren Wurzeln genussvoll in sich hinein.

Mitten auf der Wiese stand eine mächtige Kastanie, die ihre fünffingrigen Blätter schon aufgefächert hatte und sie nun der Sonne entgegenstreckte. Wunderschön sah das aus. „Sie ist schon im Frühlingsschmuck", sagte der Bärenvater und patschte mit seinen Pfoten liebevoll auf den dicken Stamm der Kastanie, „sie beeilt sich immer sehr, um uns zum Frühlingsfest eine Freude zu machen. Setz dich nur hierher auf den großen Stein. Ihre Blätter werden dir vom Love-Bären erzählen."

Ich machte es mir bequem auf dem Stein, kuschelte mich warm in meinen Mantel und schloss die Augen. Alsbald neigten sich die

Äste ein wenig herab zu mir, und die Blätter fingen flüsternd und rauschend an zu sprechen.

„Normalerweise ist die Bärenwelt eine freundliche, helle Welt mit freundlichen und gutmütigen Bären. Aber tief in der Erde, in der Unterwelt, ist das Reich der Wurzelzwerge. Normalerweise leben wir alle ungestört nebeneinander her. Doch dann, niemand von uns weiß warum, geschieht es immer wieder, dass die Erde unter unseren Füßen, dort, wo die Wurzelzwerge wohnen, anfängt zu zittern und zu beben. Dann rumort und poltert es Tag und Nacht, und Erdspalten bilden sich, aus denen giftige Dämpfe zischen."

Die Kastanie seufzte tief auf: „Dann passieren in der Bärenwelt oben schreckliche Dinge, wie z. B., dass die Honigquelle versiegt, oder dass junge Bärchen einfach verschwinden und nie wieder auftauchen. Und deshalb haben wir alle Angst, dass eines Tages, vielleicht schon bald, etwas Böses, Zerstörerisches aus der Unterwelt hervor kriecht und unsere schöne Welt zerstört.

   Nur einer kann das verhindern. Das ist der Love-Bär. Und wir alle, auch die Pflanzen und die Tiere, erwarten dringend, dass in diesem Winter ein Love-Bär geboren wurde." - „Ja," sagte ich, „das kann ich nur allzu gut verstehen. Dann muss der Love-Bär aber eine ganz besonders gute Waffe haben, ein Schwert vielleicht oder einen Zauberstab!" - „Wo denkst du hin!" rauschte die Kastanie entsetzt auf, „weißt du denn nicht, dass man das Böse nicht mit Waffen und schon gar nicht mit Zauberei besiegen kann?"

   Verwirrt fragte ich: „Aber womit soll der Love-Bär denn dann die dunklen Mächte besiegen?"

- „Mit Liebe natürlich!", raschelten jetzt alle Blätter eifrig, „mit Liebe!"

   Und mir war, als würden mich alle Blätter und Blüten vorwurfsvoll ansehen, weil ich das nicht gleich gewusst hatte. So nickte ich schnell zustimmend und fragte dann: „Und wie kann ich euch jetzt helfen, den Love-Bären zu finden? Ich habe ja noch nie einen gesehen!" - „Das macht nichts," rauschte die Kastanie, „aber du kannst lesen!" - „Natürlich kann ich lesen!", sagte ich ein ganz klein wenig empört, „in der Menschenwelt kann annähernd jeder lesen, musst du wissen!" - „Ich weiß es ja!", beruhigte mich die Kastanie, „wir alle wissen es! Deshalb hat der Bärenvater dich ja auch holen lassen!" - „Ja, aber", fragte ich erstaunt, „können die Bären denn nicht lesen?" - „Doch sie können es! Aber nur große Schriften, weil sie ja mit ihren großen Pfoten auch nur ganz große Buchstaben malen können. Ihre Augen sind nicht so besonders gut, weil sie ja oft in dämmrigen Höhlen leben. Jedenfalls nicht so gut, wie die Menschenaugen."

Immer geheimnisvoller und verwirrender wurde die Geschichte für mich. Aber ehe ich weiter fragen konnte, stupste mich der Bärenvater sacht an: „Mach die Augen auf! Wir sind bereit!" Unter der weit ausladenden Kastanie saßen jetzt auf Steinen alle Bärenmütter mit ihren Kleinsten im Arm und blickten zu mir her. Um sie herum bildeten die anderen Bären einen dichten Kreis. Ich stand langsam auf, weil ich immer noch nicht wusste, was ich tun sollte.

Da rief der Bärenvater die erste Mutter zu sich. Sie reichte ihm ihr Kind, und er gab es mir auf den Arm: „Schau nach, ob es ein Love-Bär ist. Unter der linken Fußsohle muss es geschrieben stehen!" Sorgfältig betrachtete ich die linke Fußsohle. Da waren wohl Zeichen und

Rillen zu finden, so ungefähr wie in einer Menschenhand, aber den Schriftzug „Love-Bär" konnte ich nicht entdecken.

So schüttelte ich nur den Kopf und reichte dem Bärenvater das Bärlein zurück. Der betrachtete es nun von allen Seite und rief dann laut in die Runde: „Es heißt Weißohr!" Ihr könnt euch denken, warum. Richtig, der kleine Bär hatte ein weißes Ohr. Bärlein um Bärlein wurde nun angereicht, und ich prüfte sorgfältig jede Fußsohle, aber kein einziger Schriftzug war zu entdecken. Alle Rillen und Kerben liefen durcheinander und bildeten kein einziges Wort.

Als alle Bären ihren Namen bekommen hatten, seufzte der Bärenvater tief auf und wollte schon die Versammlung auflösen, als sich ganz hinten, versteckt hinter einem Gebüsch, noch etwas regte. Eine kleine, magere, zerzauste Bärin erhob sich und hielt mir schüchtern ihr Kind hin. Ich legte es mir vorsichtig auf den Arm und drehte die kleine Fußsohle zum Licht. Aber diese Fußsohle war so winzig, dass ich kaum etwas erkennen konnte.

   Da rief ich: „Alle Leuchtblumen herbei! Herbei!" Augenblicklich schwebten sie heran, und in ihrem Licht las ich den klimperkleinen Schriftzug unter der Fußsohle „Love-Bär"! „Es ist der Love-Bär", sagte ich fassungslos und schaute den Bärenvater an, „es ist kein Zweifel möglich! Hier steht es klar und deutlich: „Love-Bär! „Da hättet ihr mal sehen sollen, wie alle Bären plötzlich aufsprangen, sich in den Bärenarmen lagen, herumtanzten und sangen: „Nun beginnt eine schöne Zeit! Nun beginnt eine sorgenfreie Zeit! Wir werden es gut haben, denn der Honigvogel wird bei uns brüten, und die Honigquelle wird niemals versiegen!"

   So sangen sie und feierten ihr Frühlingsfest. Aber ich hörte es tief, tief in der Erde. Wie es rumpelte, brodelte und zischte. Und die kleine Bärenmutter hörte es auch. Sie sah mich an, und zwei dicke Tränen rannen aus ihren Augen. Ich nahm sie in die Arme und sagte: „Hab doch keine Angst! Hat dein Kind nicht die Liebe im Namen stehen? Und wer soll schon etwas gegen die Liebe haben?" Da sagte sie leise: „Das Böse hat etwas gegen die Liebe! Das Böse!"

Aber ehe ich etwas erwidern konnte, eilte der Bärenvater herbei. „Der Honigvogel hat den Frühlingssturm gesehen. Irgendjemand hat ihn fürchterlich wütend gemacht! Deshalb musst du sofort nach Hause, denn es ist zu befürchten, dass der Sturm die Äste der Zeder so durcheinander peitschen wird, dass das Tor klemmt und du nicht mehr hindurch kannst."

Da trank ich schnell etwas von dem Honigwein, den der Bärenvater mir reichte, fühlte erneut, wie mir ungeahnte Energien zuwuchsen, und schon rannte ich, schneller als die heranbrausenden Frühlingswolken, zum Zederntor, das schon offen stand.

   Kaum war ich hindurch, brach der Sturm los. Er rüttelte so heftig an dem Zedernstamm, dass sich dieser tief, tief zur Erde niederbeugen musste. Aber er brach nicht! Ich schlüpfte aus meinem Mantel und warf ihn über die Zeder. Sobald der Mantel die Äste berührte, fing es an zu schneien.

   Und die Flocken fielen so dicht, dass die Zeder in kürzester Zeit von einem dichten Schneemantel umhüllt war, durch den der Sturm nicht mehr brausen und wüten konnte. Ich aber rannte ins Haus und schlug die Tür zu. Nun konnte der Sturm rasen und brüllen; mir und der Zeder konnte er nichts mehr anhaben.

Zum Dank für die Elfen aber pflanzte ich am nächsten Tag viele, viele Schneeglöckchen rund um den Stamm der Zeder, und ich meinte, dabei ein feines Singen und Klingen aus den Zweigen zu hören. Aber vielleicht waren es auch die ersten Singvögel, die mit dem Sturm aus dem Süden zurückgekommen waren, um in meinem Garten zu brüten.

   Das ganze Jahr über aber fragte ich mich, wer wohl den Sturm so aufgehetzt hatte, dass er mich aus dem Bärenland vertrieben hatte.

   Der kleine Love-Bär wuchs fröhlich bei seiner Mutter auf. Und wirklich war seit seiner Geburt die Welt ein wenig heller, die Farben leuchteten ein wenig intensiver, und die Honigquelle sprudelte, als können sie nie versiegen.

Die Bären lebten vergnügt und sorglos. Nur die Kastanie spürte an ihren Wurzeln tief unter der Erde, dass das Unbekannte dort, das Unheimliche, sich regte, dass es Tag und Nacht rumorte und polterte; immer ein wenig mehr, immer ein wenig näher!

Es kam der Tag, an dem der Bärenvater den kleinen Love-Bären zu sich rufen ließ. „Da bist du ja!", sagte er und sah ihn prüfend an, „du bist nicht so viel gewachsen wie die anderen Bärenkinder. Isst du auch ordentlich?" - „Oh ja", sagte der kleine Bär, „das tue ich wirklich. Aber irgendwie wachsen die anderen schneller als ich."

Er überlegte eine kleine Weile, schaute den Bärenvater von unten herauf an und sagte dann etwas naseweis: „Weißt du, Bärenvater, vielleicht ist es so, damit keiner Angst vor mir bekommen kann. Schließlich bin ich der Love-Bär!" Da musste der Bärenvater schmunzeln.

Er nahm den Kleinen in seine Arme und sagte: „Da magst du recht haben! Aber ein wenig dicker und größer hätte ich dich schon gerne gehabt, denn es ist die Zeit gekommen, dass du auf die Reise gehen musst!" - „Ich weiß," sagte der kleine Bär, „meine Mutter hat mir oft erzählt, dass ich, wenn ich größer bin, eine Reise machen muss! Seltsamerweise hat sie dabei immer geweint! Kannst du mir erklären warum, Bärenvater?"

Der Bärenvater nahm den Kleinen fester in seine Arme. „Weißt du, jede Mutter hat Angst um ihr Kind, wenn es in die Welt hinauszieht." Der kleine Love-Bär sah den großen Bären prüfend an. „Hast du auch Angst um mich? Du hältst mich so fest!" - „Nein, nein!", brummte der Bärenvater und wischte sich heimlich eine Träne aus den Augen, „aber jeder Abschied tut weh!" - „Aber mir nicht!", entgegnete der kleine Bär entschieden, „ich weiß doch, dass ich wiederkomme! Warum also soll ich traurig sein?"

Der Bärenvater räusperte sich und fragte: „Kleiner Love-Bär, weißt du eigentlich, was du in der großen, weiten Welt tun sollst?" - „Aber

natürlich! Meine Mutter hat es mir oft gesagt. Ich soll Liebe sammeln!" - „Richtig!", der Bärenvater nickte, „hier hast du einen kleinen Rucksack. Setze ihn auf! Immer, wenn du Liebe gefunden hast, legst du sie in deinen Rucksack. Du musst ihn jedes Mal gut zubinden, denn sonst strömt die Liebe hinaus und verliert sich in der Welt. Willst du das tun?"

Und als der Kleine nickte, sah der Bärenvater ihm noch einmal in die Augen und fragte eindringlich: „Hast du auch wirklich alles verstanden?" - „Ja, natürlich!" sagte der kleine Bär und reckte sich hoch, „ich soll Liebe sammeln und in den Rucksack stecken! Aber nun lass mich endlich gehen!" Er winkte dem Bärenvater noch einmal zu und machte sich auf den Weg.

Als er eine Weile gegangen war, gelangte er in einen großen, dichten Wald. O, hier gab es viele Köstlichkeiten für ihn zum Essen. Und weil er großen Hunger hatte, schleckte er saftige Beeren, duftende Pilze und die jungen Triebe von Tannen und Fichten, als er plötzlich eine Stimme hörte: „Du meine Güte, was hast du für einen Appetit! Du frisst mir ja den ganzen Wald leer!"

   Da kam hinter einem Baumstamm hervor das hässlichste Tier, das ihr euch denken könnt. Es war um Vieles größer als der Love-Bär, mit mächtigen Pranken, scharfen Eckzähnen und langem, zotteligem Fell. Es brüllte, richtete sich hoch auf und schlug mit den Pranken um sich. „Warum läufst du nicht weg?", fragte es verwundert, „alle laufen weg, wenn sie mich sehen!" - „Warum sollte ich weglaufen?", lachte der kleine Love-Bär, „du wirst mir doch nichts antun!" - „Wieso willst du das so genau wissen?", grollte das hässliche Tier und sperrte seinen Rachen weit auf, dass die scharfen Reißzähne nur so hervorblitzten. „Weil ich dich mag!", sagte der Love-Bär einfach und ging auf das Tier zu. „Komm, setzt dich neben mich! Ich will dein Fell etwas bürsten."

Er zog eine feine Bärenbürste aus seiner Tasche und hielt sie dem fremden Tier unter die Nase. „Komm, leg dich hier hin. Nun trau dich schon! Ich tue dir nichts!"

Da musste das Tier so lachen, dass es sich hinlegte und den mächtigen Kopf auf die Pfoten senkte. Viele Stunden bearbeitete der kleine Bär das zottelige Fell, bis es sich weich und seidig wie der feinste Mantel um den Körper schmiegte. Dann fragte er: „Wie fühlst du dich jetzt?" - „So wohl habe ich mich in meinem ganzen Leben noch nicht gefühlt!", brummte das Waldtier.

„Das ist fein!", sagte der Love- Bär zufrieden und setzte sich dicht neben den großen Kopf mit den scharfen Reißzähnen, „dann sage mir jetzt, wie ist dein Name? Und was tust du hier im Wald?" - „Einen Namen habe ich nicht", sagte das Tier traurig, „das kommt daher, dass alle vor mir weglaufen, wenn sie mich sehen. Aber ich passe auf den Wald auf. Ich passe auf, dass nichts zerstört wird, und alles im Gleichgewicht bleibt." - „Oh!", rief der Love-Bär, „das ist eine ganz wichtige Aufgabe. Deshalb sollst du von jetzt ab Waldwächter heißen!"

Da brach das wilde Tier in Tränen aus und umarmte den kleinen Bären. „Du hast meinen sehnlichsten Wunsch erraten! Ich habe einen Namen! Ich habe einen Namen!"

Das mächtige Tier sprang auf und tanzte herum. „Ich habe wirklich einen Namen! Nun muss keiner mehr vor mir weglaufen, denn ich brauche nur meinen Namen zu nennen, und jeder wird mich achten!"

Eine kleine Weile tanzte der Love- Bär mit dem Waldwächter herum; dann sagte er:

„Ich muss jetzt gehen! Ich werde dich in meinem Herzen behalten, Waldwächter! Auf Wiedersehen!" - „Aber nein!", rief der Waldwächter, „du kannst noch nicht gehen! Denk an deine Aufgabe! Denk an deinen Rucksack! Du musst ein Stück Liebe hineintun!"

Da lächelte der kleine Bär und sagte: „Die Liebe, mein wildes Tier, wo ist sie denn?" Da nahm das große Tier den Kleinen ganz sanft in den Arm. „Du bist nicht vor mir davongelaufen! Du hast mich gebürstet und gestreichelt; und du hast mir einen Namen gegeben!" Damit bückte er sich und sammelte einen dicken Ballen seiner Haare auf, die beim Bürsten herausgefallen waren. „Schau, alles ist in diesem Haarbüschel gespeichert! Setze deine Pfote darauf. Dann ist unsere Liebe besiegelt!" Als der kleine Bär das getan hatte, fand sich auf dem Haarballen der Schriftzug „Love-Bär", natürlich in Spiegelschrift.

Gedankenvoll sah sich der Waldwächter den Schriftzug einen Moment lang an, ehe er den Ballen in den Rucksack gleiten ließ, den der Love-Bär augenblicklich sorgfältig verschloss. Als er ihn auf den Rücken schnallte, merkte er, dass er um Einiges schwerer geworden war. „Leb wohl, Waldwächter!" - „Leb wohl, mein kleiner Freund!" Sie winkten beide, bis der Love-Bär um eine Wegbiegung verschwunden war, und sie sich nicht mehr sehen konnten.

Und weiter wanderte der kleine Bär durch die Welt, immer auf der Suche nach Liebe.

Endlich kam er an ein Feld, das mit frischem, grünem Klee bewachsen war. Und mitten in dem Feld sah er eine Häsin, die mit ihren Jungen spielte. „Hallo, Frau Häsin!", rief der Love-Bär, „kann ich zu dir kommen?" Die Häsin stellte die Ohren ganz hoch und schnupperte in die Luft. „Ach, nur ein Bär!", sagte sie dann beruhigt zu ihren Kindern, „der tut uns nichts!"

Der Love- Bär setzte sich neben die Häsin und sagte: „Schöne Kinder hast du!" - „Oh ja!", pflichtete die Häsin ihm zufrieden bei und richtete sich stolz auf, „schau, sie haben wunderbar lange Beine zum Rennen und wunderbar lange Ohren zum Lauschen! Alles, was ein Hase haben muss zum Überleben!" Der Love- Bär lächelte der Häsin zu und fragte: „Du hast sie wohl sehr lieb, deine Kinder, nicht wahr?" - „Aber natürlich!", antwortete die Häsin, „ich bin doch ihre Mutter!"

Der kleine Bär nickte verständnisvoll und fragte dann schüchtern: „Könntest du mir wohl etwas von deiner Liebe abgeben?" Die Häsin sah ihn empört an, zeigte die Zähne und fauchte: „Da wäre ich eine schlechte Mutter, wenn ich auch nur ein Tüpfelchen von meiner Liebe abgeben würde! Sie gehört einzig und allein meinen Jungen!" - „Ich verstehe dich, liebe Häsin", sagte der Love-Bär, „aber ich bin ausgesandt, Liebe zu sammeln!" Er zeigte seinen Rucksack vor. „Kannst du nicht ein klein wenig von deiner Liebe abzweigen?" - „Verschwinde!", zischte die Häsin jetzt und zeigte wieder ihre langen Schneidezähne, „verschwind sofort, ehe ich dir Beine mache!"

Da wurde der kleine Bär ganz traurig. So viel Liebe war da, und für ihn und seinen Rucksack sollte nichts abfallen? Er überlegte eine kleine Weile und sagte dann: „Aber etwas ausprobieren könntest du doch, mir zuliebe, willst du?" Die Häsin sah ihn grämlich und misstrauisch an: „Lass hören! Weil du meine Kinder gelobt hast! Nur darum!"

Der Love-Bär räusperte sich verlegen. Noch nie hatte er ein Experiment mit der Liebe durchgeführt und war nun selber gespannt, wie es ausgehen würde. „Pass auf! Du schreibst die Namen deiner Kinder hier auf das große Kleeblatt und gibst ganz viel Liebe dazu! Dann legen wir das Kleeblatt in den Rucksack, und du schaust deine Kinder an und sagst dann, ob dir ein Teil deiner Liebe verloren gegangen ist. Und wenn dem so sein sollte, bekommst du das Kleeblatt sofort zurück!" Misstrauisch und zögernd tat die Häsin, wie ihr geheißen war.

Der Love-Bär siegelte das Kleeblatt mit seiner Pfote und ließ es langsam in den Rucksack gleiten. „Nun schau deine Kinder an und sage mir, ob du anders empfindest als vorher!"

Als die Häsin das tat, füllten sich erst ihre Augen, dann ihr Herz mit solch unendlicher Liebe, dass sie es kaum fassen konnte. „Wirklich!", sagte sie betroffen, „solch eine Liebe habe ich vorher nicht verspürt. Wie kann das sein?" - „Vielleicht", lächelte der kleine Bär, „muss man erst etwas abgeben, damit man weiß, wie reich an Liebe man ist!" Damit band er seinen Rucksack sorgfältig zu und nahm Abschied von der Häsin. Als er aber den Rucksack aufsetzte, wunderte er sich, wie schwer er geworden war.

Er war noch gar nicht lange gelaufen, als er jemanden singen hörte. Er ging den Tönen nach und sah alsbald auf einer Waldlichtung einen Mann, der zu seinem eigenen Gesang so eifrig tanzte, dass seine Beine nur so wirbelten.

Ab und zu hielt er inne, hielt sich den Bauch vor Lachen und rief: „Nein, wie sie gerannt sind!", oder: „Wie entsetzt sie dreingeschaut haben!" oder: „Wie sie die Gesichter verzogen haben! Welch ein Spaß! Was für ein herrlicher Spaß!" Und dann tanzte er weiter, als ob die Welt nur zu seinem Vergnügen erschaffen wäre.

Der Love-Bär kam näher, setzte sich auf einen Baumstamm und schaute eine Weile zu. Der seltsame Mann schien ihn gar nicht bemerkt zu haben, bis er auf einmal rief: „Eh, du, Bär, du hast dich mitten in ein Ameisennest gesetzt!"

Entsetzt fuhr der Love-Bär in die Höhe und begutachtete seinen Sitz. Keine einzige Ameise war zu sehen. Aber der seltsame Mann hielt sich den Bauch vor Lachen. „Ich habe dich angeschmiert! Ha! Ha! Ha! Zu komisch, wie du aufgesprungen bist und auf den Stamm gestiert hast!"

Der Love-Bär lächelte etwas säuerlich: „Na, du bist mir aber einer! Hat dir das solchen Spaß gemacht, mich an der Nase herumzuführen?" - „Und wie!", lachte der Mann, „und wie! Du musst wissen, ich bin der Troublemaker!" Erwartungsvoll sah er den Love-Bären an: „Der

Unruhestifter! Wenn du es auf Deutsch haben willst!"

In aller Seelenruhe setzte sich der Love-Bär auf seinen Baumstamm zurück. „So, so!", sagte er, „dann bist du der, der den Hirten die Herde auseinandergetrieben hat!" - „Au, ja!", rief der Troublemaker, „du hättest mal sehen sollen, wie die fetten Hinterteile der Schafe hin- und herwackelten, als sie die Wiese hinuntergedonnert sind!" - „Mm! Dann bist du auch der, der dem gesamten Orchester die Instrumente verstimmt hat!" - „Ja, sicher, und du glaubst gar nicht, wie dumm die aus der Wäsche geguckt haben, als nichts mehr zusammenstimmte! Es klang, als ob tausend Katzen auf einmal miauten! Zum Totquieken war das!" - „Und den Wind hast du auch so wütend gemacht, dass er die saubere Wäsche von der Leine gerissen und durch den Dreck gezogen hat!" - „Ai, das war ein besonders gut gelungener Spaß, denn ich habe die ganze Zeit hinter einem Busch gesessen und gelauscht, wie sich der Wind die ganze Schelte anhören musste!"

Glücklich und zufrieden sah der Troublemaker den Love-Bären an, der seine Stirn in Falten gezogen hatte. Und als der kleine Bär eine ganze Weile lang nichts gesagt hatte, fragte er: „He, findest du das etwa nicht lustig?" - „Ehrlich gesagt, nicht so ganz!", antwortete der Love-Bär und sah dem Troublemaker in die Augen.

„Aber das ist nicht fair!", rief der zornig und schlug mit der Faust auf den Baumstamm. „Ich muss Unsinn machen! Dazu bin ich geboren! Dafür darf ich keine Schelte bekommen! Verstehst du?" - „Nicht so ganz" lachte der kleine Bär. „Fest steht, Spaß muss sein, auf dieser Welt! Das ist mal sicher! Sonst wäre das Leben viel zu langweilig! Und dass du dich für den Spaß in der Welt verantwortlich fühlst, finde ich wunderbar."

Er lachte den verblüfften Unruhestifter an. „Aber findest du nicht auch, dass dabei keiner einen Schaden erleiden sollte?" Der Troublemaker dachte einen Moment lang nach: „Aber es geht nicht anders! Beim besten Willen nicht!" - „Doch! Es geht sogar sehr gut! Ich kenne da jemanden, der den ganzen Tag lang Spaß macht, ja, der sich immer wieder neue Späße ausdenkt, und alle Leute freuen sich und lachen darüber!"

Sehr nachdenklich schaute jetzt der Troublemaker den Love-Bären an, und auf einmal erhellte sich sein Gesicht: „Du meinst doch nicht etwa den … den … den ... mit den bunten Kleidern und der roten Nase? Wie heißt er noch mal?" - „Ja, genau, den meine ich, den Clown!" Begeistert plusterte der Troublemaker seine Backen auf: „Und alle Menschen lieben ihn, nicht wahr?" - „Ja," nickte der Love-Bär, „alle lieben ihn, auch die traurigen! Allen schenkt er sein Lachen!"

Prüfend sah er den Troublemaker an: „Meinst du, du könntest ein Clown werden?" Da sprang der Troublemaker auf, umarmte den Bären und rief: „Ja! Ja! Ja! Nichts auf der Welt würde mir so viel Spaß machen, wie ein Clown zu werden! Leb wohl, kleiner Bär!" - „Nichts da! Halt" rief der Love-Bär und hielt ihn am Jackenzipfel fest. „Du musst mir erst Liebe in meinen Rucksack tun!" - „Was?", rief der Troublemaker, „ich habe doch noch gar keine!" - „Ach, Troublemaker!", lachte der kleine Bär und strich ihm sacht über den Ärmel: „Du bist nur noch nicht an die Liebe gewöhnt, aber du solltest mal deine Augen sehen, wie sie vor Liebe strahlen!"

Da flossen zwei dicke Tränen aus den Augen des Troublemakers, und er zog sein großes Taschentuch aus der Hosentasche. Sorgfältig ließ er die Tränen in das Taschentuch fallen. „Hier hast du mein Zeichen der Liebe, kleiner Bär!", sagte er gerührt und reichte dem Bären das Taschentuch. Der nahm es, siegelte es und ließ es in den Rucksack gleiten.

Und als sie Abschied nahmen, merkte der Love-Bär, dass der Rucksack wieder schwerer geworden war.

Tag für Tag sammelte jetzt der kleine Bär Liebe in seinen Rucksack. Er half z. B. einem Käfer, der auf den Rücken gefallen war, wieder auf die Beine und erhielt dafür ein Buchenblatt; er schrubbte einem Fischchen, das Hochzeit feiern wollte, die Schuppen blank und erhielt dafür eine Schuppe, die wie eine Goldmünze glänzte. Oder er legte ein Vögelchen, das aus dem Nest gefallen war, wieder hinein und erhielt dafür eine Eierschale. Und als er mit einigen Jungen Fußball gespielt hatte, bekam er dafür einen kleinen Ball, auf den die Jungen all ihre Namen geschrieben hatten.

Alle Geschenke wurden sorgfältig versiegelt und in den Rucksack geschoben, der inzwischen so schwer geworden war, dass sich der Love-Bär überlegte, ob er nicht heimwandern könnte.

Schon wandte er sich zum Gehen, als er ein flehentliches Rufen hörte. „So warte doch! So warte doch!" Er wandte sich um und sah ein seltsames Männlein auf sich zu sausen. Es trug eine rote Zipfelmütze auf dem Kopf und stolperte beinahe über seinen langen, weißen Bart.

So ein Männlein hatte der Love-Bär schon einmal in seinem Bilderbuch gesehen, und so sagte er nur: „Du bist ein Wurzelzwerg! Habe ich recht?" Das Männlein nickte viele Male eifrig mit dem Kopf und sagte: „Du bist der Love-Bär! Habe ich auch recht?" Zögernd nickte der Love-Bär. Ein seltsames Gefühl beschlich ihn, das er noch nicht kannte. „Das muss Misstrauen sein", sagte er sich, „aber darf ein Love-Bär Misstrauen haben?" Er war sich nicht sicher, und so fragte er nur: „Kann ich dir irgendwie helfen?" Aber das Männlein wehrte ab: „Nein, auf keinen Fall! Du bist es, der Hilfe braucht! Du hast so hart gearbeitet! Nun lass dich einmal von anderen verwöhnen, von mir zum Beispiel!" Flugs breitete das Männlein eine Decke auf dem Gras aus.

„Komm," lockte es, „ruh dich ein wenig aus! Ich habe hier leckere Kräuter und Wurzeln! Alle selbst gesammelt! Ich lade dich zum Essen ein!" Und weil der kleine Love-Bär schrecklichen Hunger hatte, setzte er den Rucksack ab und ließ sich nieder. „Oh, was hast du für einen schönen Rucksack! Darf ich mir den mal ansehen?", fragte der Wurzelzwerg sogleich und streckte seine langen Finger aus. „Nein, lass das mal lieber!", sagte der Bär schärfer, als er gewollt hatte, „man darf ihn nicht öffnen!" - „Oh, Verzeihung! Verzeihung!", sagte der Zwerg rasch, „ich verstehe, das ist der Love-Rucksack!"

Er suchte in seinen Kräutern herum und kramte einen wunderschönen, roten Pilz hervor. „Sieh mal, den magst du doch besonders gerne. Ich schenke ihn dir," - und dabei sah er den kleinen Bärenjungen lauernd an, „weil du ein Love-Bär bist! Du wirst ihn mir gewiss nicht ausschlagen!" Nein, so unfreundlich wollte der Love-Bär nicht sein, und so nahm er dankend den Pilz und biss hinein.

Aber kaum hatte er den ersten Bissen verschluckt, streckte er sich nieder und versank in einen tiefen Schlaf. Zufrieden beobachtete der Wurzelzwerg den Bären eine kleine Weile, dann öffnete er den Rucksack mit flinken Fingern und rannte fort, so schnell er konnte.

Wie zarter Rauch begannen alsbald die gesammelten Energien nach und nach dem Rucksack zu entströmen. Und wenn es nicht einen lästigen Brummer gegeben hätte, der auch von dem Pilz essen wollte und daher dem Love-Bären immer um die Nase und den Mund herum geflogen wäre, hätte die Geschichte ganz böse enden können. Aber der Brummer brummte so laut und kitzelte den Bären an Mund und Nase, dass der heftig niesen musste und schneller erwachte, als der Wurzelzwerg geplant hatte.

  Aber, oh weh! Was musste unser Love-Bär da sehen! Der Wurzelzwerg war weg, und der Rucksack stand weit auf. Entsetzt schaute der Love-Bär in den halb leeren Rucksack. So war alle Mühe, Liebe zu sammeln wohl vergebens gewesen! Ein unachtsamer Moment hatte alles zerstört! Da warf sich das Bärlein verzweifelt über seinen Rucksack und weinte bitterlich.

  Eine lange Zeit mochte vergangen sein, als es durch sein Schluchzen hindurch einen Flügelschlag hörte. Es blickte auf und sah, dass ein mächtiger Adler neben ihm gelandet war. „Nimm mich nur als Beute!", sagte der Love-

Bär, „sonst bin ich doch zu nichts nütze!" - „Ich bin zwar ein Beutejäger", sagte der Adler, „aber das heißt noch lange nicht, dass ich kleine Bären verspeise! Ich jage nur kranke oder sehr alte Tiere!" Er legte den Kopf schief und blickte den Bären von der Seite an. „Vielleicht bist du zu klein, um das zu verstehen, aber ich halte die Welt im Gleichgewicht! Ich zerstöre nicht!" Der Love-Bär hörte auf zu weinen und dachte nach. „Nein, so ganz verstehe ich das nicht! Was hat das mit Liebe zu tun?"

Der Adler schüttelte unwillig sein Gefieder und hob die Flügel an, um Luft aufzunehmen. „Es gibt noch mehr Dinge als die Liebe auf der Welt, die zählen." Der Love-Bär horchte auf „Noch mehr Dinge, die wichtig sind, meinst du? Was könnte das sein, lieber Adler?" Der Adler klackte mit seinem Schnabel. „Hm, Ehrfurcht zum Beispiel, Respekt, Achtung oder Dankbarkeit! Oder Ordnung! Weltenordnung!"

Der Love-Bär nickte versonnen und sagte: „Sie gehören zur Liebe. Aber die Liebe muss am mächtigsten sein!" - „Möglich!", sagte der Adler gleichmütig, „es wird sich zeigen! Wie auch immer! Wir haben keine Zeit zu verlieren! Steig auf meinen Rücken! Wir wollen zusehen, dass wir deinen Rucksack schleunigst wieder füllen!" Und kaum hatte sich der Love-Bär auf dem Rücken des Adlers zurechtgerückt, stieß sich das mächtige Tier mit seinen starken Fängen vom Boden ab und stieg und stieg hoch hinauf, bis dahin, wo die Luft wie blaue Seide wirkt.

„Schau hinunter!", befahl er, „was siehst du?" - „Ich sehe mächtige Gebirgsketten mit Geröllfeldern und Schneekappen", begann der kleine Love-Bär, „und tiefe, grüne Täler mit Weiden und Tieren. Ich sehe tosende Wasserfälle und glitzernde Flüsse." Er holte tief Atem. „Jetzt sehe ich stille, dunkelgrüne Seen, hohe Tannen und blinkende Eisfelder!" - „Und jetzt!", drängte der Adler, „was fühlst du?" - Der kleine Bär schloss einen Moment die Augen, um in sich hineinzuhören. „Ich fühle Bewunderung, nein, Ehrfurcht vor der Schönheit und Größe dieser Welt und … Dankbarkeit … und jetzt …" Er spürte, dass Tränen aus seinen Augen rannen. „Und jetzt", sagte er glücklich, „jetzt füllt sich mein Herz mit Liebe, mit einer ganz großen Liebe zu dieser Welt!"

Der Adler nickte zufrieden und setzte sofort zum Senkflug an. Am Boden angekommen scharrte er einen Moment lang mit seinen Fängen loses Geröll beiseite. Dann griff er mit dem Schnabel zu und hielt dem Bären zwei große, farbige Steine vor die Augen.

„Schau, diese Steine sind schon seit Ewigkeiten hier verborgen. In ihnen ist der Bauplan dieser Welt verzeichnet. Siegel sie mit deiner Pfote, damit sie nun auch die Liebe in sich tragen, einer mit meiner Liebe, der andere mit deiner. Sie sind sehr schwer und werden den Rucksack wieder auffüllen!"

Noch ganz benommen von seinem Glück tat der Love-Bär, was der Adler ihm aufgetragen hatte. Einen Stein legte er in den Rucksack, den anderen jedoch barg er im Fell über seinem Herzen. „Zur Erinnerung an dich!", sagte er zu dem Adler, „ich glaube, ich werde jetzt etwas von deinem Mut und deiner Stärke brauchen!" Der Adler nickte wortlos und wollte sich schon in die Lüfte erheben, als ihm noch etwas einfiel. „Hier hast du noch ein Stück Eis vom Gletschersee! Es ist weit über zehntausend Jahre alt und schmilzt nicht so schnell wie gewöhnliches Eis! Steck es in deine Tasche! Es wird dir gute Dienste tun!"

Damit erhob er sich in die Lüfte und ward bald nur noch als ein winzig kleines Pünktchen am Himmel zu sehen. Der Love-Bär aber schulterte seinen Rucksack und machte sich auf den Weg nach Hause, zur Kastanie genauer gesagt, wo der Eingang zur Unterwelt war.

Schon von Weitem hörte er ein Poltern und Dröhnen, das offensichtlich tief aus der Erde kam, und Schwefel und giftige Dämpfe zischten von Zeit zu Zeit aus Löchern und Spalten im Erdreich und verpesteten die Luft.

„Gut, dass du endlich kommst!", stöhnte die Kastanie, „ich kann kaum noch atmen und werde wohl bald sterben!" Der Love-Bär lächelte ihr beruhigend zu und stieg vorsichtig in das Loch zur Unterwelt hinab. Dunkel wurde es um ihn herum; dichte, schwarze Finsternis bedrängte ihn.

Er stellte die Ohren hoch und lauschte nach allen Seiten. Weit in der Ferne hörte er das Poltern, Dröhnen und Zischen, das die Wesen auf der Oberwelt so erschreckte. Wurden da etwa Waffen geschmiedet? Und wo mochten die Wurzelzwerge sein? Welche Richtung sollte er einschlagen? Er wusste, dass alle Zwerge Lämpchen an ihren Kapuzen trugen, aber er sah nicht ein einziges. So tappste er aufs Geratewohl weiter durch die Dunkelheit, immer tiefer die erdigen Gänge entlang, immer tiefer in den Berg hinein. Gerade, als er merkte, dass seine Kräfte nachließen, hörte er Stimmengewirr. Er bog um eine Ecke und stand auf einer Plattform.

Unter sich sah er eine riesige Halle, in der Scharen von Wurzelzwergen standen, dicht an dicht. Alle hatten Spieße, Lanzen oder Hellebarden in ihren Händen, mit denen sie wild in der Luft herumfuchtelten, wobei sie zornig riefen: „Auf, ins Bärenland! Auf, ins Bärenland!"

Plötzlich jedoch starrten alle gebannt auf ihren König, der in der Mitte der Halle auf einem goldenen Thron saß, denn vor dem Thron erschien jetzt ein Zwerg, den der Love-Bär sofort wiedererkannte, war es doch derjenige, der ihn so betrogen und verraten hatte. „Mein Herr und König!", sprach der jetzt, „ich habe meine Aufgabe erfüllt! Der Love-Bär liegt im Wald und schläft tief und fest, und sein Rucksack ist so leer wie eine Luftblase." Er lachte verächtlich: „Da haben die Bären einen wahren Trottel losgeschickt! Stellt euch vor, ohne Verdacht zu schöpfen, hat er meine Schlafpilze gegessen. Ihr hättet sehen sollen, wie selig er eingeschlafen ist!"

Der König nickte zufrieden. „Dann droht uns keine Gefahr mehr von den Bären, und wir wollen sofort damit beginnen, ihr Land zu erobern! Nicht umsonst sollt ihr so fleißig und emsig eure Waffen geschmiedet haben!"

Er erhob sich und fasste seine Zwerge ins Auge: „Hört meinen Plan! Zuerst verstopfen wir, wie schon des Öfteren, die Honigquelle! Und wenn die Bären vor Hunger so geschwächt sind, dass sie nicht mehr gut genug auf ihre Kinder achten können, locken wir diese mit Honig von ihren Eltern weg! ... Das wird ganz leicht sein, denn die Bärenkinder werden, außer sich vor Hunger, jedem Honigduft folgen und sich nicht zurückrufen lassen!" - „Hei!", rief da ein anderer Zwerg, „das wird ein Spaß, wenn die jungen Bärlein mit der Nase auf der

Honigspur, wie von selbst, wie von einer unsichtbaren Schnur gezogen, in unsere Bergwerke wandern!" - „Und schwapp, ist die Falle zu! Und wir haben wieder Bären für die schwere Bergwerksarbeit!", rief ein dritter fröhlich und rieb sich die Hände vor Vergnügen.

„Aber das wird nicht geschehen!", erklang jetzt eine helle Stimme von der Plattform herunter. Oh, wie da alle Zwergenhände an die Waffen fuhren, und wie sich aller Augen in die Höhe richteten! Und da stand er da oben, ganz allein, der kleine Love-Bär! Wie hingezaubert!

Ein einziger Entsetzungsschrei erhob sich: „Der Love-Bär! Wir sind verloren!" - „Unsinn!", donnerte der König los, „was seid ihr für Hasenfüße! Seht doch nur hin! Es ist nur ein kleiner, dummer Bär, der da steht. Nur allzu bald wird er bei seinen Brüdern im Bergwerk sein! Seht ihn euch an! Ist er nicht zum Lachen komisch mit seinem Rucksack?" - „Das stimmt!

Das stimmt!", ließen sich jetzt vereinzelt mutige Stimmen vernehmen. „Hört auf euren König! Was kann so ein Bär uns schon anhaben!"

Der Love-Bär schwang den Rucksack vom Rücken, stellte ihn vor sich hin und öffnete behutsam den Verschluss. Da sahen die fassungslosen Zwerge, wie sich goldene Wolken aus dem Rucksack zwängten, wie sie den kleinen Bären in dichten Schwaden umschwebten und schützten.

„Ha!", schrie der Zwergenkönig mit giftiger Stimme, „der ganze Humbug wird dir nichts nützen!" Er erhob seinen Speer, zielte auf das Herz des Love-Bären und warf ihn mit großer Wucht.

Der Love-Bär sah den Speer kommen und blieb lächelnd stehen; wusste er doch, dass die Speerspitze niemals den Stein des Adlers, aus den Bausteinen der Welt zusammengesetzt und mit der Liebe zur Welt versiegelt, durchdringen konnte. Und so war es auch! Die Speerspitze traf den Stein im Zentrum und zersprang in tausend Stücke.

„Er ist unverwundbar!", riefen die Zwerge jetzt, „Oh, wir armen! Er wird sich schrecklich rächen!" - „Hört auf zu jammern!", fuhr der Zwergenkönig seine Leute an, „seht doch genau hin! Der Firlefanz da aus seinem Rucksack

wird nicht reichen, ihn zu schützen! Die angeblich stärksten Kräfte der Welt sind matt und vollkommen ungefährlich für uns! Das schwache Gold dort, und das matte Rot da! Hahaha! Es ist zu wenig! Es ist zu kraftlos! Hahaha! Und ich wette, der Dummkopf weiß selber nicht, warum seine kostbaren Liebesenergien so kraft- und wirkungslos sind! Hahaha!"

Der Zwergenkönig hüpfte vor Vergnügen und hielt sich den Bauch vor Lachen. Spottend zeigte er mit seinem Finger auf den Bären. „Seht doch den Dummbart! Er hat sie alle mit seiner Pfote gesiegelt und nicht daran gedacht, dass sie nun alle nur in Spiegelschrift zu sehen sind! In Spiegelschrift! Die wirkt doch nur halb!"

Fast wälzte er sich auf dem Boden vor Lachen. Da holte der Love-Bär das Gletschereis des Adlers aus seiner Tasche und hielt es vor seine Sammlung. Es wirkte wie ein Spiegel, und augenblicklich blitzte Schriftzug um Schriftzug in der dunklen Halle auf. „Love, Love, Love" … und immer wieder „Love" lasen die verstörten Zwerge.

Und dann entfaltete sich ein Schauspiel vor ihren Augen, das sie nie vergessen sollten. Die gesammelten Liebeszeichen, die noch im Rucksack verblieben waren, wuchsen, dehnten sich aus und verbanden sich schließlich zu einem großen, pulsierenden Strom von strahlender Helligkeit, den der Love- Bär nun mit einer kleinen Drehung des Eisspiegels auf die Waffen leitete.

Die Zwerge sahen den Lichtstrom auf sich zu kommen und mussten in sprachlosem Entsetzen zusehen, wie das Eisen ihrer Waffen schmolz und in der Luft verzischte, sodass sie schließlich nur noch mit einem Holzstück bewaffnet dastanden. Da sanken sie zu Boden, zogen ihre Kapuzen über die Augen und erwarteten ein schreckliches Schicksal.

Der Love-Bär aber lächelte und ließ nun den Strom der Liebe in die Zwerge selber eindringen. Ganz warm und wohl wurde ihnen da im Innern. Und sie spürten, wie ihre Herzen sich ausdehnten und wie die Ketten von Hass und Wut, die sich um die Herzen gelegt hatten, gesprengt wurden. „Klack! Klack!" machte es an allen Ecken und Enden. Und das klang schon so fröhlich, dass einige Zwerge es wagten, unter ihren Kapuzen hervorzulugen. Und anstatt eines grimmigen, wutschnaubenden Bärentieres, das sie eigentlich erwartet hatten, sahen sie ein kleines, verschmitztes Bärenkind, das sie anlächelte.

Am längsten aber brauchte das Herz des Königs, um warm zu werden. Aber auch da schaffte es das Herz endlich, den Panzer, geschmiedet aus Wut und Neid, zu sprengen. Jetzt konnte der König sehen, wie viel Leid er über die Bären gebracht hatte. Er schlug die Hände vors Gesicht und weinte bitterlich.

Nun stieg der Love-Bär hinab zu den Zwergen, kniete sich vor den Zwergenkönig hin, um ihm in die Augen zu sehen und sagte: „Man kann immer versuchen, ein Unrecht wieder gut zu machen!" Der König sah auf und verstand. „Holt die Bären aus dem Bergwerk! Wir haben unrecht an ihnen getan! Wir werden sie jetzt selbst nach Hause bringen und die Eltern um Verzeihung bitten! Was auch immer auf uns zukommen mag, wir werden es erdulden!" Er wollte sich schon erheben, als der Love-Bär sagte: „Warte noch einen Moment! Warum wolltet ihr die Bären vernichten?" - „Weil wir neidisch auf eure schöne, helle Welt waren", sagte der Zwergenkönig. „Aber ihr seid doch Wurzelzwerge!", sagte erstaunt der Love-Bär. „Ihr gehört in diese Erdenwelt! In der hellen Welt, wie du sie genannt hast, würde eure Haut verbrennen, eure Augen würden blind werden, und ihr seid so klein, dass ihr als Beute von vielen Tieren gejagt werden würdet." - „Das alles haben wir nicht bedacht", sagte der König kleinlaut, "ich habe noch nie in dieser Weise über die Welt und ihre Ordnung nachgedacht, weißt du!"

Er sah den kleinen Bären an und sagte: "Du bist sehr weise für dein Alter!" - "Ach, nein!", wehrte der Love-Bär ab, "ganz bestimmt nicht! Der Adler hat mich gelehrt, dass es gut ist, wenn die Weltenordnung eingehalten wird. Für mich bleibt die Liebe das Größte und Wichtigste auf der Welt!"

Der kleine Bär sah sich jetzt um. "König, mir scheint es wirklich ein wenig zu dunkel hier unten!" Der Reihe nach nahm er all seine gesammelten Liebeszeichen, die Eierschale, das Buchenblatt, die Fischschuppe, die Tränen, und alles, was noch übrig geblieben war, und hängte es an die Decke, wo jedes mit seiner Energie hell und warm leuchtete. Nur den Stein des Adlers behielt er für sich.

Dann sagte er: „Schaut, das alles lasse ich euch hier als Geschenk! Wenn ihr wollt, dass eure Lämpchen lange leuchten, müsst ihr sie pflegen und immer wieder mit Liebe versorgen. Solange ihr das tut, werden sie nie erlöschen!"

Er nahm seinen Rucksack auf und sagte: „Nun lasst uns aufbrechen, die Bärchen nach Hause bringen und den Frieden verkünden."

Und so geschah es auch. Hoch über dem Heimkehrerzug aber schwebte der Adler und war sehr zufrieden damit, dass gleich hinter der Liebe auch das Gleichgewicht der Weltenordnung zu seinem Recht gekommen war.

Von der Freude, die im Bärenland herrschte, brauche ich euch nichts zu erzählen. Das könnt ihr euch selber vorstellen! Aber was ihr euch auch immer ausmalt, in Wirklichkeit war alles noch viel, viel schöner.

Woher ich diese Geschichte erfahren habe? Der Honigvogel hat sie mir erzählt, als er kam, um nachzufragen, ob mein Schlüsselwort noch gültig sei. Drohen etwa neue Gefahren? Ich weiß es nicht. Aber dass das Schlüsselwort noch gültig ist, weiß ich mit Sicherheit. Aber hoffen wir doch, dass es im Bärenland noch lange, lange gut geht!